Will Gmehling • Anna Schilling

Warum heulst du, Heulehund?

BELTZ
& Gelberg

1

Heulehund wohnte bei uns im Mietshaus, gegenüber von unserer Tür. Er war ein kleiner Hund mit dünnen Beinen und Fledermausschnauze.

RGENAU!
HERREN SALON
BROT &
FRISUR
AB 10,-

Heulehund sah nicht aus wie ein Hund, den man mag, er sah ein bisschen eklig aus. Er gehörte einer Frau, die nie Guten Tag sagte, wenn man ihr Guten Tag sagte. Wenn sie telefonierte, schrie sie herum und sagte fiese Worte. Das konnten wir bis in unsere Wohnung hören. Sie rauchte hundert Zigaretten am Tag. Der Rauch kam unter ihrer Tür raus und verpestete das Treppenhaus. Deshalb nannten wir sie heimlich Frau Zigarette.

Immer, wenn Frau Zigarette früh morgens zur Arbeit ging, ließ sie Heulehund allein in der Wohnung. Und kaum war sie weg, ging es los: Heulehund fing an zu heulen und kratzte an der Wohnungstür. Er winselte und wimmerte, er jammerte und jaulte wie ein kranker Wolf.

Alle im Haus wachten davon auf und konnten dann nicht mehr weiterschlafen. Das ging bestimmt eine Stunde lang so, dann war Heulehund schlapp vom Heulen und hielt seine spitze Schnauze.

Wenn Frau Zigarette am Abend wiederkam, ging sie gleich mit Heulehund raus, damit er im Park pinkeln konnte. Manchmal pinkelte er aber auch schon im Treppenhaus.
Alle Leute waren wütend auf Heulehund und auch auf die Frau. Sie gingen uns auf die Nerven mit all dem Geheule und dem Gestank.

2

Einmal war ich krank und konnte nicht in die Schule. Mama und Papa mussten zur Arbeit. Also blieb ich allein zu Haus und freute mich.

Ich wollte mir gerade mein Buch über Rennautos angucken, als nebenan Heulehund loslegte.
Vielleicht war er heute besonders traurig, weil sein Frauchen weg war. Er heulte nämlich noch verrückter als sonst und warf sich sogar gegen die Tür.

Ich konnte mich nicht auf mein Buch konzentrieren. Das regte mich auf.

Heulehund tat mir aber auch ein bisschen leid, weil er andauernd so allein war. Also hatte ich eine Idee.

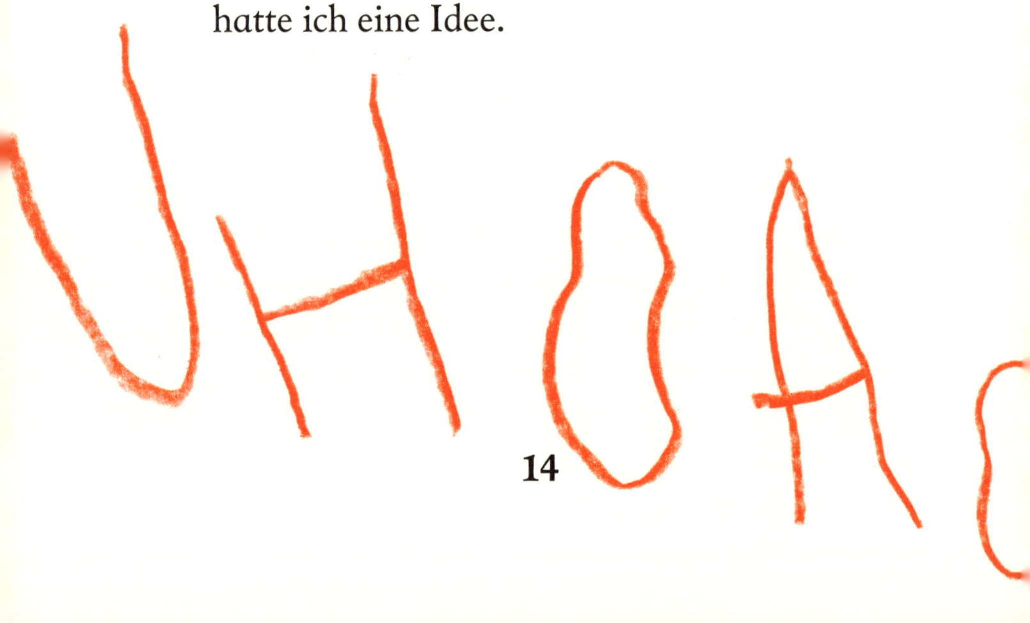

Tiere auf
ORNEO

Ich ging zum Kühlschrank. Da war eine Packung Salami, ganz dünne Scheiben. Ich ging damit ins Treppenhaus und setzte mich vor Heulehunds Wohnung. Heulehund kam gleich angerannt und bellte.

„Halt die Klappe, du Trottel“, sagte ich und schob ihm eine Salamischeibe unter der Tür durch.
Er hörte auf zu bellen. Ich konnte hören, wie er an der Salamischeibe schnupperte. Dann fraß er sie auf. Aber gleich danach fing er wieder an zu bellen. Er konnte ja nicht sprechen, also musste er bellen. Ich schob ihm noch eine Scheibe durch und noch eine. Ich hörte ihn schmatzen, danach winselte er.

Winseln war auf jeden Fall besser als dieses elende Geheule.
Er bekam noch eine Scheibe und dann noch eine. Heulehund hatte gar keine Zeit mehr, zu winseln oder zu jaulen, weil er andauernd fraß. Dann war die Packung leer, aber Heulehund wollte noch mehr haben.
Im Kühlschrank lag noch eine Leberwurst. Sie passte aber schlecht unter der Tür durch.

Ich wollte wieder ins Bett zu meinem Buch, aber Heulehund merkte das und legte voll los.

„Mir doch egal“, sagte ich. Ich machte alle Türen zu und legte mich hin. In meinem Bett war es schön kuschelig. Obwohl Heulehund noch ein bisschen weiterheulte, schlief ich ein und wurde bald wieder gesund.

3

Wir dachten, vielleicht hört das irgendwann mal auf mit dem Geheule, aber das tat es nicht. Heulehund war eine echte Plage.

Dann aber passierte etwas.

MR. KNISTER

Eines Abends klingelte es an unserer Tür, ich putzte mir gerade die Zähne. Papa machte auf. Im Treppenhaus stand Frau Zigarette, im Bademantel. Sie sah ganz komisch aus, weiß im Gesicht mit roten Flecken.

„Guten Abend“, sagte Papa.
„Ich muss ins Krankenhaus“, sagte Frau Zigarette. „Können Sie auf meinen Hund aufpassen?“
„Auf Heulehund?“, fragte Papa.
Frau Zigarette sah ihn wütend an. „Wieso Heulehund? Mein Hund heißt Prinz!“
„Prinz?“ Papa lachte.

Und Heulehund heulte sein schreckliches Lied.

So kam es, dass Heulehund bei uns wohnte. Am nächsten Morgen gab Frau Zigarette ihn bei uns ab und fuhr mit dem Taxi ins Krankenhaus. Als Heulehund merkte, was los war, drehte er durch und heulte wie ein Irrer. Wir redeten ihm gut zu, aber das half nicht. Wir versuchten ihn zu streicheln, doch er schnappte nach uns. Obwohl er ja klein war, war er gefährlich wie ein Hai.

GRRR..

Nicht zum Aushalten!
Ich mach ihn fertig!
Skandal!
Wauuu

Wir bereuten es schon, ihn aufgenommen zu haben, immerhin waren wir ja kein Tierhotel. Heulehund heulte zwei Tage und Nächte, dann gab er auf. Er legte sich in sein Körbchen und schlief ein. Wir dachten, jetzt wird alles gut, aber da täuschten wir uns. Kaum hatte er sich anständig ausgeruht, fing Heulehund wieder an, uns zu quälen. Alle im Haus waren mit den Nerven fertig und klingelten bei uns. Wir sollten endlich etwas unternehmen.

WIOURA
GRRRRR
MAiiiii!

Jetzt waren wir so weit, Heulehund im Tierheim abzugeben. Wir saßen beim Abendbrot, und Mama sagte: „Morgen bring ich ihn weg. Ich kann nicht mehr!“
Papa war einverstanden.
„Weg mit der fiesen kleinen Heulboje“, sagte er.
Und ich freute mich schon auf viele ruhige Tage ohne Heulehund.

Tiere auf
BORNEO
PAPA

4

In der Nacht wachte ich auf. Ich spürte etwas Nasses an meinem Hals und bekam Angst. Dann aber merkte ich, dass es Heulehund war. Er kuschelte sich bei mir an und zitterte ein bisschen. Dabei machte er Geräusche, so ein leises Schnarchen, *chchch*.

Ich dachte, der weiß genau, was wir vorhaben. Jetzt will er sich einschleimen. Erst wollte ich ihn aus meinem Bett schmeißen, dann aber ließ ich ihn, wo er war. Ich konnte aber nicht wieder einschlafen, weil das *chchch* mich störte und auch, weil Heulehund mich anguckte mit seinen großen Augen. Ich fühlte sein Herz schlagen.

Er war so eklig, aber er war auch süß, beides.

Wir brachten ihn dann doch nicht ins Tierheim. Er schlief nun jede Nacht in meinem Bett. Er heulte auch nicht mehr, jedenfalls, solange ich da war. Wenn ich in der Schule war, legte er wieder los, das war mir aber egal. Ich ging auch mit Heulehund spazieren. Bei mir durfte er nie ins Treppenhaus pinkeln, weil ich höllestreng mit ihm war.

Wir besuchten Frau Zigarette nicht im Krankenhaus. Niemand wusste, wann sie wiederkommen würde. Wir gewöhnten uns an Heulehund, er gehörte jetzt zur Familie. Er heulte nur noch, wenn niemand zu Hause war. Irgendwann hörte er dann ganz damit auf. Trotzdem nannten wir ihn weiter Heulehund.

Hallo Zigarette!

5

Eines Tages kam Frau Zigarette wieder. Wir hatten sie schon total vergessen. Plötzlich stand sie vor unserer Tür und wollte Heulehund zurückhaben.

Heulehund stand da und wusste nicht, was er jetzt machen sollte. Da packte sie ihn einfach und nahm ihn mit zu sich in die Wohnung. Wir hörten ihn heulen, er hatte Sehnsucht nach uns. Tagelang ging das so.

Dann fuhren wir in die Ferien, auf eine Insel. Wir hatten einen Strandkorb nur für uns. Ich freundete mich mit zwei Jungs aus Bottrop an, wir hatten jede Menge Spaß.
Fast vergaß ich Heulehund.

Doch als wir zurückkamen, stand er abends unten im Hauseingang.
Einfach so. Allein. Keine Spur von Frau Zigarette. Er sprang an uns hoch und rannte aufgeregt durch die Wohnung und schnüffelte an allem.
Dann verzog er sich in mein Bett und schlief zwei ganze Tage lang.

Wir haben nie wieder von Frau Zigarette gehört.

MIX
Papier aus verantwortungsvollen Quellen
FSC® C089473

Dieses Buch ist erhältlich als:
978-3-407-75596-4 Print

in der Verlagsgruppe Beltz · Weinheim Basel
Werderstraße 10, 69469 Weinheim

Text: Will Gmehling
Lektorat: Katrin Hartmann
Umschlagillustrationen und Illustrationen im Innenteil: Anna Schilling
Konzept der Einbandgestaltung: Julia Kerschbaumer, www.illubelle.com
Satz und Herstellung: Nancy Aprile
Druck und Bindung: Beltz Grafische Betriebe, Bad Langensalza
Printed in Germany
1 2 3 4 5 6   25 24 23 22 21

Weitere Informationen zu unseren Autor_innen
und Titeln finden Sie unter: www.beltz.de

Bücher für die ersten Lesejahre:

beltz.de/lust-auf-lesen

ISBN 978-3-407-75455-4, 70 Seiten

Eine Hündin krempelt die Schule um

ISBN 978-3-407-75818-7, 62 Seiten

Der zweite Fall für Henriette

ISBN 978-3-407-75549-0, 62 Seiten

Wenn Eltern wieder zu Kindern werden

ISBN 978-3-407-75551-3, 70 Seiten

Ein Flaschengeist sorgt für Trubel

ISBN 978-3-407-75819-4, 66 Seiten

Ein Schwein kommt selten allein

ISBN 978-3-407-75456-1, 62 Seiten

Eine verrückte Verwandlungsgeschichte

reich bebildert • lesefreundlich gestaltet